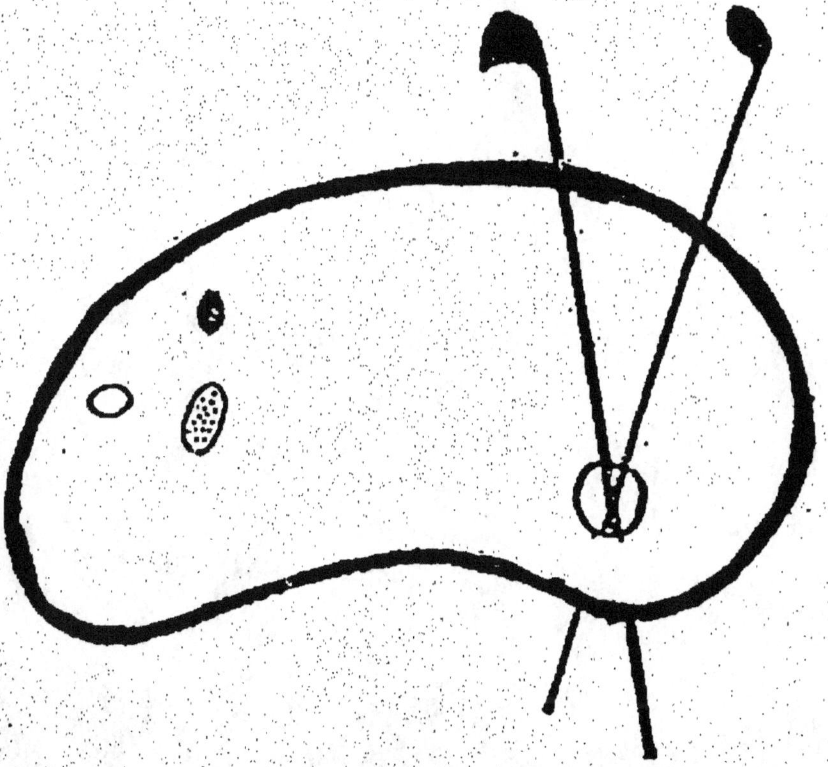

DEBUT D'UNE SERIE DE DOCUMENTS
EN COULEUR

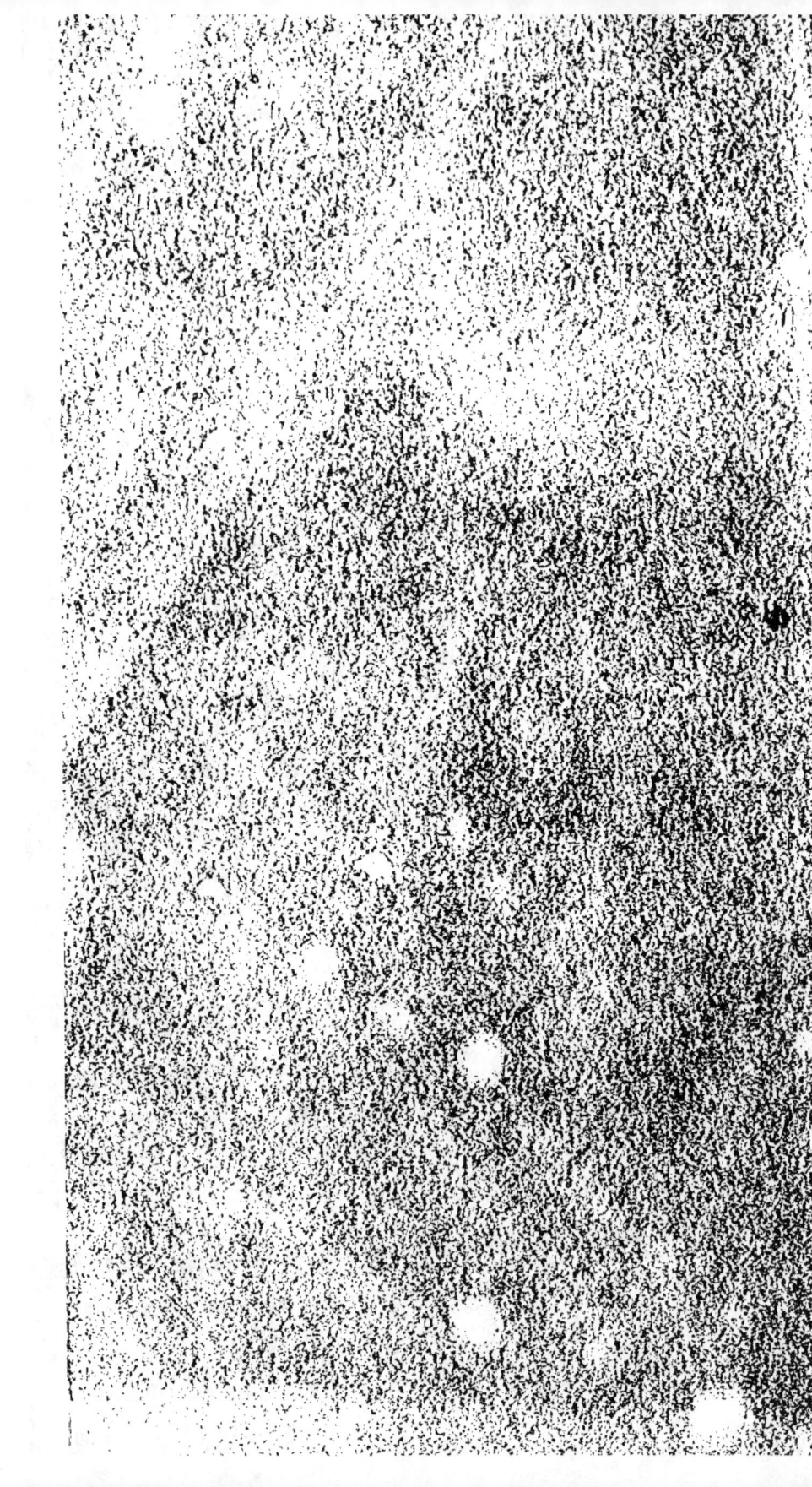

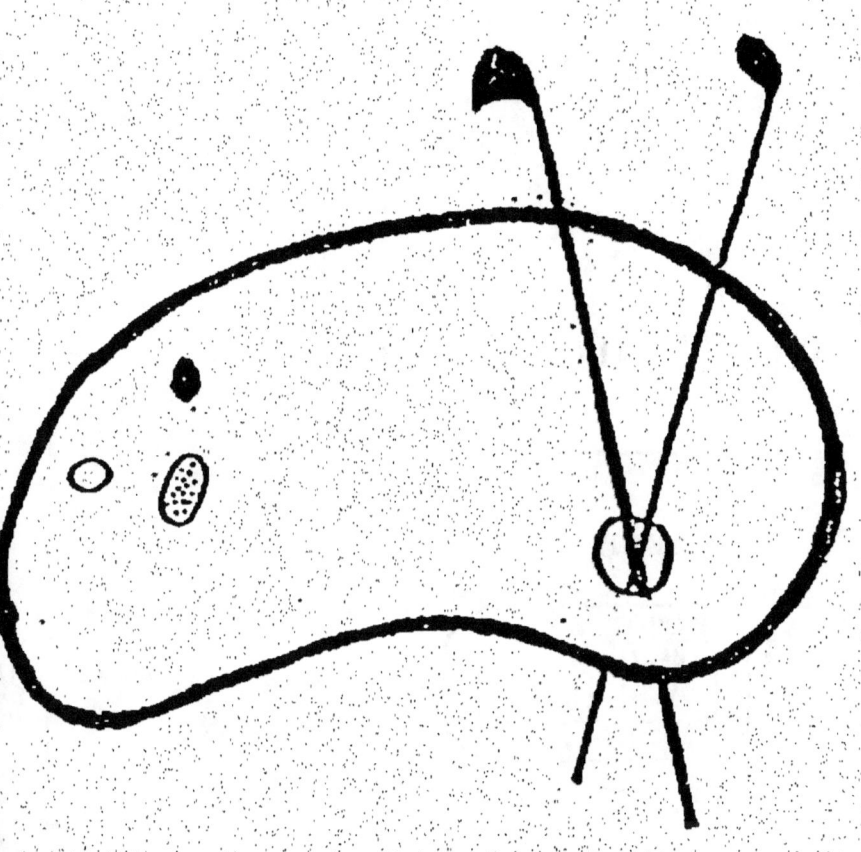

FIN D'UNE SERIE DE DOCUMENTS
EN COULEUR

TRAITS D'HISTOIRE

5ᵉ SÉRIE IN-12.

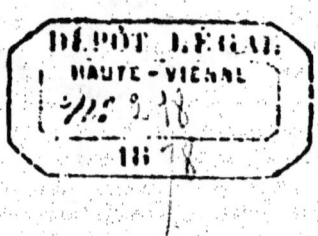

TRAITS D'HISTOIRE

ET ANECDOTES.

EXTRAIT DE L'ABBÉ REYRE.

LIMOGES
EUGÈNE ARDANT ET Cⁱᵉ, ÉDITEURS.

Propriété des Editeurs,

TRAITS D'HISTOIRE
ET
ANECDOTES.

L'HOMME VÉRITABLEMENT LIBRE ET LE VRAI ESCLAVE.

L'empereur Dioclétien, qui persécuta les Chrétiens avec tant de fureur, allait souvent à Salone, ville de Dalmatie, où l'on croit qu'il était né, et où il avait de beaux jardins. Comme il pensait à les agrandir, il jeta les yeux sur un verger qui n'était séparé de son enclos que par une haie. Il demanda quel en était le maître : on lui dit que c'était un solitaire qui, depuis vingt-cinq ans, n'était pas sorti de sa retraite, et qui vivait des fruits de son champ. Il voulut le voir ; il alla lui-même frapper à la porte : le solitaire ouvre ; Dioclétien reconnaît son meilleur ami, son compatriote, son compagnon d'armes, Florus, l'un des meilleurs officiers de l'armée, qui avait fait la guerre avec lui, et qu'on avait cru mort en Mésopotamie. Il lui saute au cou à l'instant. « Quoi ! Florus, est-ce bien vous que je revois ? Est-il possible que vous soyez enterré ici tout vivant, et que vous ayiez sacrifié tout ce que votre mérite, tout ce qu'une noble ambition vous promettaient dans le monde? Vous ne savez pas ce que vous avez perdu.

— Je suis plus ambitieux que vous, mon cher Dioclès (1), reprit le solitaire. Vous n'avez voulu qu'une place dans l'empire; j'ai voulu un empire tout entier, mais plus grand, plus solide, plus difficile à conquérir que l'empire romain. Cela vous surprend-il? Auriez-vous oublié les sentiments de votre jeunesse, et cett' liberté plus noble que l'ambition à laquelle vous aspiriez? C'est le bien que je possède, et on ne peut me le ravir.

— Mais vous auriez pu en jouir avec moi, Florus : ce n'est plus le temps où nous avions à souffrir des caprices d'un maître, ou des hauteurs d'un courtisan. C'est moi qui possède cet empire que vous cherchez. Mon amitié vous aurait cédé la moitié du trône, et vous n'auriez dépendu de personne.

— J'aurais dépendu de tout. Ce n'est rien, Dioclès, d'être le maître des autres; il faut être le maître de soi-même.

— Il est vrai; mais pouvez-vous vous flatter de l'être, vous dont la vie et la fortune dépendent d'un gouvernement de province ou d'un voisin jaloux qui peut vous chasser de votre héritage? Est-ce là votre empire?

(1) Nom que portait Dioclétien avant d'être empereur.

— Ma liberté, Dioclès, est de ne rien craindre : on me chasserait de cette retraite, on me chasserait de la Dalmatie; on me chasserait de l'empire; on me chasserait du monde entier, qu'on ne ferait que me rendre plus libre. Ma liberté est dans l'âme, sur laquelle on n'a point de prise. On ne pourrait me rendre esclave qu'en me faisant commettre une mauvaise action, et j'espère que nul homme n'aura jamais ce pouvoir. Oh! que c'est un beau gouvernement, mon cher Dioclès, d'être si réglé dans ses désirs, si droit dans ses pensées, si juste dans ses sentiments, que l'intelligence infinie ne trouve rien à reprendre dans votre cœur! Cet empire vaut la peine d'être disputé, et c'est pour lui que je combats depuis trente ans. Avouez-le : n'avez-vous pas trouvé qu'il était plus facile de gouverner le monde que ses passions?

— Je l'avoue : ma conscience est pour vous, mon cher Florus; vous me ravissez; mais cependant vous êtes coupable de les avoir renfermés en vous-même : vous deviez venir à ma cour, vous m'auriez instruit.

— Vous ne m'auriez pas écouté, mon cher Dioclès. Cette doctrine n'est pas nouvelle; elle n'est pas de mon invention; il y a des gens qui l'enseignent. Les avez-vous écoutés? les avez-vous honorés? Jugez-vous vous-même.

Dioclétien se rappela ses persécutions, et tomba dans une rêverie profonde. Ensuite il dit au solitaire : « Vous avez réveillé mes remords : j'ai persécuté une doctrine que j'aimais ; je n'ai pas osé être juste ; tout empereur que je suis, je suis plus esclave que l'esclave qui me sert à boire. Adieu ; je vous porte envie, mon cher Florus : continuez de goûter une paix qui n'est pas faite pour moi : votre solitude vaut mieux que ma couronne. » Il n'est point de remède plus efficace contre l'ambition, et de témoignage plus glorieux pour la religion, que ces paroles de Dioclétien.

SAGE CONDUITE D'UN PRINCE ENVERS SES COURTISANS.

Constance Chlore, prince sage et humain, estimait et protégeait le Christianisme. Recourant quelque temps à une ruse politique, il déclara publiquement que tous les Chrétiens de son palais eussent à offrir des sacrifices à Jupiter et aux autres divinités du paganisme, s'ils voulaient conserver leurs charges et ses bonnes grâces. Il s'en trouva qui, préférant leur fortune à leur intérêt éternel, s'empressèrent d'obéir à cet ordre, qui n'avait été donné que pour les éprouver ; mais pour prix de leur obéissance, ils n'obtinrent que le mépris du prince, qui, indigné de leur lâcheté, les éloigna pour toujours de sa personne. Un de ses confidents lui ayant demandé la raison de cette conduite dont il était fort étonné, Constance lui fit cette sage réponse : « Les hommes qui sacrifient leur religion à leur intérêt sont capables de manquer à tous les devoirs ; et je ne pouvais espérer que ceux dont la disgrâce vous a surpris me fussent plus fidèles qu'ils ne l'ont été à leur Dieu. »

Peu content d'avoir puni et humilié les apostats, le prince crut devoir encore récompenser avec éclat les Chrétiens qui, s'élevant au-dessus des vues temporelles, avaient persévéré dans la profession ouverte du Christianisme ; et pour bien convaincre ses courtisans qu'il ne comptait que sur la fidélité de ceux qui étaient fidèles à leur religion, il confia à ces Chrétiens généreux et incorruptibles la garde de sa personne et de ses États.

L'IMPIÉTÉ CONFONDUE PAR LA PUISSANCE DIVINE.

Après avoir renoncé au Christianisme, Julien l'Apostat porta l'impiété jusqu'à entreprendre de démentir les prophéties, tant celle de Daniel qui annonce la ruine du temple de Jérusalem, comme irréparable, que celle de Jésus-Christ, qui porte expressément qu'il n'y demeurerait pas pierre sur pierre. Il attira les plus habiles ouvriers de toutes les contrées, commanda des troupes de travailleurs, et commit la surintendance de l'ouvrage à Alypius, l'un de ses officiers les plus affidés. Les Juifs se rendaient de tous les coins du monde à Jérusalem, en triomphant et en publiant que le royaume d'Israël allait être rétabli. Ils ne craignaient pas d'insulter aux Chrétiens en mille manières parce qu'ils se sentaient soutenus par la puissance impériale.

On détruisit facilement ce qui restait de l'ancien temple, jusqu'à n'y pas laisser pierre sur pierre, selon la lettre des Écritures. On creusa, avec la même facilité, les fondations du nouveau : mais sitôt qu'on eut posé les premières pierres, il survint un horrible tremblement de terre qui les vomit de son sein, et les jeta à une grande distance. Des tourbillons de vent emportèrent le sable, la chaux et tous les autres matériaux dont on avait fait des amas immenses. Ce qu'il y eut de plus terrible comme de plus divin, c'est que des globes de feu sortant de l'édifice, et roulant de tous côtés avec une rapidité effroyable, renversèrent les ouvriers, les entraînèrent avec eux, les consumèrent jusqu'aux os, ou les réduisirent entièrement en cendres. La flamme alla même trouver, et sembla dévorer avec avidité les marteaux, les pioches, les ciseaux, et tous les instruments qui étaient en réserve dans un bâtiment écarté. Un torrent de feu serpentant par le milieu de la place, et jaillissant çà et là en mille rayons étincelants, brûla ou étouffa les Juifs, qu'il discernait avec une sorte d'intelligence. Ce terrible phénomène se réitéra plusieurs fois en plein jour. La nuit, chaque Juif aperçut sur ses vêtements des croix si bien empreintes, qu'on ne pouvait les effacer, quelque effort que l'on fit. Il parut aussi dans les airs, depuis le Calvaire jusqu'à la montagne des Oliviers, une croix étincelante de lumière. Les obstinés enfants de Jacob ne laissèrent pas de retourner au travail à diverses reprises. Ils se rassuraient les uns les autres ; ils voulaient à toute force tirer parti de la faveur du prince apostat. Toujours ils furent repoussés d'une manière également fatale et miraculeuse; en sorte que plusieurs d'entre eux et un nombre encore plus grand d'idolâtres, confessèrent avec éclat la divinité de Jésus-Christ, et demandèrent le baptême.

Non-seulement tous les historiens ecclésiastiques, mais les païens mêmes, tels qu'Ammien Marcellin, tout admirateur qu'il se montre de Julien l'Apostat, rapportent unanimement ce prodige. Saint Grégoire de Nazianze, saint Ambroise, saint Jean Chrysostôme l'ont relevé publiquement, peu d'années après l'événement, en présence d'une multitude d'auditeurs à qui ils le rappelaient, comme à des témoins oculaires. Saint Chrysostôme, en particulier, ajoute que de son temps on voyait encore ouvertes les fondations creusées par les Juifs, et que cette ébauche était, pour tous les spectateurs, une preuve sans réplique de ce que l'impiété avait tenté, et n'avait pu consommer.

Il n'existe plus à présent aucun vestige de ce grand miracle; mais n'en avons-nous pas vu une image sensible dans ce qui s'est passé sur la fin du dernier siècle. Emules et admirateurs de Julien l'Apostat, nos nouveaux philosophes avaient formé le projet insensé de démentir l'oracle infaillible par lequel J.-C. nous annonce que les portes de l'enfer ne prévaudront jamais contre son Église. Sophismes, calomnies, impostures, persécutions, cruautés, ils avaient tout mis en œuvre pour l'exécuter; et, se glorifiant par avance du succès de leur entreprise, ils publiaient déjà hautement que le règne des Pontifes allait finir; que le Siége du Chef de l'Église serait renversé; que la pierre ferme sur laquelle il repose serait brisée, et que sur ses ruines s'élèverait pompeusement le trône de la philosophie, qui deviendrait la seule divinité de tout l'univers. Mais à quoi ont abouti tous leurs vains efforts? les projets de l'impiété ont été confondus; les chefs des impies ont péri; les philosophes ont été démasqués; la philosophie est tombée; le Saint-Siége a subsisté; un nouveau Souverain Pontife a été installé de la manière la plus inattendue, et au bout de cette chaîne non interrompue de Vicaires de J.-C., apparaît le doux et fort Pie IX.

GRANDEUR D'AME DE L'HOMME QUI NE CRAINT QUE DIEU.

On a toujours admiré les sentiments renfermés dans ces deux beaux vers qu'un de nos poètes a mis dans la bouche du grand-prêtre Joïada :

> Soumis avec respect à sa volonté sainte,
> Je crains Dieu, cher Abner, et n'ai point d'autre
> [crainte.

Ceux que manifesta saint Basile, archevêque de Césarée, dans les combats qu'il eut à soutenir contre l'empereur Valens, ne sont pas moins dignes d'admiration. Comme ce prince, grand protecteur des Ariens, connaissait toute l'étendue du mérite du saint Prélat, et savait que les partisans d'Arius n'avaient point d'adversaire aussi redoutable, il voulut essayer de le réconcilier avec eux. Il envoya donc Modeste, préfet du prétoire, et lui donna commission, ou d'obliger l'archevêque de Césarée de communiquer avec les Ariens, ou de le chasser de sa ville. Cet officier, naturellement superbe, impitoyable et cruel, fit amener Basile au pied de son tribunal, qu'il avait eu soin de faire environner de ses licteurs, et de tout l'appareil de la tyrannie.

Aussitôt que le Saint comparut, le préfet l'appelant sèchement par son nom : Basile, lui dit-il, à quoi pensez-vous de résister témérairement à la puissance impériale?

— Quelle est donc ma témérité? dit le Saint d'un air modeste, mais plein de noblesse.

— Pourquoi, reprit le favori, n'êtes-vous pas de la religion de l'Empereur?

— C'est qu'un plus grand maître me le défend, répondit l'Evêque. Vos grandeurs et vos prééminences ne sont que pour le siècle : la foi seule, et non la condition, distingue les Chrétiens.

— Hé quoi! dit Modesto en se levant impatiemment de son siège, ne craignez-vous pas les effets de mon indignation et de ma puissance?

— Qu'entendez-vous par-là? dit Basile : faites-les-moi connaître, ces effets?

— Il ne s'agit pas moins, dit le préfet, que de la confiscation des biens, de l'exil, des tortures, de la mort.

— Faites-moi d'autres menaces, si vous pouvez, reprit le saint Évêque : rien de tout cela n'est de nature à m'émouvoir. La confiscation, dites-vous; mais qui ne possède rien, n'a rien à perdre, à moins que vous ne prétendiez enrichir le fisc de ces méchants vêtements, ou d'un petit nombre de livres qui font tout mon trésor. Vous me parlez de l'exil : vous ne m'en ferez pas subir la peine en m'enlevant à cette ville qui ne m'a pas vu naître ; mais partout également je trouverai ma patrie, puisque tout appartient au Père commun que nous avons dans le Ciel. La rigueur même ou la durée des tourments me touche assez peu, puisque je n'ai qu'un souffle de vie que le premier effort m'arrachera ; et la mort, qui me mettra tout d'un coup au terme dont la route m'est si pénible, sera pour moi le comble des bienfaits.

La fierté du préfet fut déconcertée par la fermeté de ce discours, et surpris de voir le prélat inaccessible à la crainte au milieu du péril : « Jamais, s'écria-t-il, personne ne m'avait parlé de la sorte.

— Vous n'avez donc jamais rencontré d'Évêque, repartit Basile ; car, à de pareilles menaces, un vrai ministre de Jésus-Christ eût fait les mêmes réponses. En toute autre chose, nous nous faisons un devoir de nous montrer les plus traitables des hommes ; nous évitons la hauteur et la fierté à l'égard des moindres particuliers, à bien plus forte raison avec les dépositaires de la souveraine puissance. Mais quand il s'agit de la cause de Dieu, les glaives étincelants, les brasiers ardents, les tigres en fureur, l'étalage des plus horribles supplices ne nous font aucune impression. »

Le préfet voyant les voies de rigueur si inutiles, en tenta de toutes différentes ; mais comme l'Evêque demeurait toujours inébranlable, il le renvoya, alla sur-le-champ retrouver l'Emet procurer du secours. Les Ariens, que vous protégez, mettent le feu à l'Eglise : je vole pour l'éteindre. » L'Empereur fut piqué de cette réponse ; mais le peuple en fut édifié, et apprit, par l'exemple du saint solitaire, que lorsque la religion est attaquée, il n'est aucun chrétien qui, quel que soit son état, ne doive se faire un devoir de la soutenir et de la défendre.

SAINTES INQUIÉTUDES DE L'HOMME CHARITABLE.

Saint Jean, patriarche d'Alexandrie, et justement surnommé l'*Aumônier*, avait une si grande charité pour les pauvres, que pour être mieux en état de les soulager, il s'était réduit à vivre lui-même dans une extrême pauvreté. Il n'avait pour lit qu'une basse et méchante couchette, avec une couverture de laine toute déchirée. Un des principaux de la ville lui en donna une qui avait coûté trente-six pièces d'argent, et le conjura de s'en servir pour l'amour de lui. Il s'en servit en effet ; mais le souvenir de trente-six pièces d'argent employées à un seul usage, tandis qu'elles pouvaient soulager plusieurs nécessiteux, le tourmenta toute la nuit. Il ne cessa de repasser dans son esprit tous les genres de misères auxquels il imaginait qu'il aurait dû subvenir par ce moyen, et il ne put jamais fermer l'œil. Dès le matin, il envoya vendre la couverture pour en donner le prix aux pauvres. Le citoyen qui lui en avait fait présent la racheta, et la lui fit reporter. Le tendre pasteur la vendit une seconde et une troisième fois, et dit enfin au riche pieux qui la lui faisait toujours reporter : *Nous verrons qui de nous deux se lassera le premier.*

Il serait à souhaiter que tous les riches du monde connussent ce trait ; peut-être les saintes inquiétudes du charitable patriarche d'Alexandrie en feraient naître quelques-unes dans leur esprit, sur l'usage qu'ils font de leurs richesses.

LE CARACTÈRE SACERDOTAL.

Peu de temps après que Maxime eut usurpé le trône de Gratien, saint Martin, évêque de Tours, vint à Trèves pour demander la grâce de plusieurs personnes que leur attachement à l'Empereur détrôné et assassiné par les partisans de Maxime, avait fait condamner à mort. Parmi ceux qui étaient à la Cour, le plus grand nombre cherchait à captiver la bienveillance du prince par les manéges de l'adulation. Mais le saint évêque de Tours sut maintenir l'autorité que lui donnait son caractère. Quoiqu'il fût sujet de Maxime, reconnu empereur par Valentinien, et même par Théodose, il répugnait infiniment à communiquer avec ce prince ; et comme on l'invitait à sa table, il répondit généreusement qu'il ne pouvait manger avec celui qui avait enlevé à un empereur une partie de ses États, et la vie à l'autre.

Une telle réponse devait naturellement irriter l'usurpateur ; mais tel est l'ascendant d'une éminente vertu, que loin de s'emporter, il se réduisit au ton d'apologiste. Il s'excusa sur ce qu'il n'avait pas pris de son plein gré le titre d'Auguste, et que l'armée l'y avait contraint ; que du reste aucun de ses ennemis n'avait perdu la vie que sur le champ de bataille. Le Saint, qui avait une bonté d'âme presque sans exemple, se rendit à ces raisons, et l'empereur en marqua une joie incroyable. Ce fut une fête extraordinaire à laquelle on invita tout ce qu'il y avait de plus considérable à la Cour. L'évêque fut mis dans le festin à la place d'honneur, à côté du souverain. Un prêtre qui l'avait suivi à Trèves occupa le premier rang après lui. Quand on eut présenté la coupe au prince, suivant la coutume, avant d'en faire usage, il la passa au saint évêque : il s'attendait à la recevoir de sa main immédiatement après ; mais dès que l'évêque eut bu, n'envisageant les objets que des yeux de la foi, il donna la coupe à son prêtre ; ce qui surprit moins l'empereur et les courtisans, qu'il ne les édifia : tant il est vrai que les choses les plus éloignées des mœurs communes se font respecter.

LES SOLDATS FIDÈLES A LEUR RELIGION.

L'empereur Maximien, ayant ordonné que toute l'armée ferait un sacrifice aux dieux, pour obtenir le succès des armes de l'empire, la légion Thébéenne, où il n'y avait que des soldats chrétiens, s'éloigna pour n'y pas assister. L'empereur lui enjoignit de revenir au camp général, et de se réunir au gros de l'armée pour l'oblation du sacrifice.

Mais comme ils refusaient tous de participer à cette cérémonie sacrilége, il les fit décimer, et les soldats sur lesquels tomba le sort furent mis à mort. Les autres restèrent inébranlables, s'entr'exhortant à persévérer fidèlement dans leur religion.

Cette première décimation fut suivie d'une seconde qui ne produisit pas plus d'effet : Maximien fit dire alors à la légion qu'ils périraient tous, s'ils persistaient dans leur désobéissance. Tous, animés par Maurice, Exupère et Candide, leurs principaux officiers, envoyèrent à l'empereur la réponse que nous allons rapporter en substance :

« Nous sommes vos soldats, mais nous sommes aussi les serviteurs du vrai Dieu. Nous vous devons le service militaire et l'obéissance ; mais nous ne pouvons renier celui qui est notre créateur et notre maître, comme il est aussi le vôtre, dans le temps même que vous le rejetez. Vous nous trouverez dociles à vos ordres, dans toutes les choses qui ne sont point contraires à la foi, et notre conduite passée doit vous en répondre. Nous sommes prêts à nous opposer à vos ennemis en quelque lieu qu'ils soient ; mais nous ne pouvons tremper nos mains dans le sang innocent. Nous avons fait serment à Dieu, avant de vous le faire ; vous fieriez-vous au second serment, si nous allions violer le premier ? Vous voulez que nous punissions les chrétiens, et nous le sommes tous. Nous avons vu massacrer nos compagnons sans les plaindre ; et nous nous sommes même réjouis du bonheur qu'ils avaient de mourir pour leur religion. L'extrémité à laquelle on nous réduit n'est point capable de nous inspirer des sentiments de révolte. Nous avons les armes à la main ; mais nous ne savons ce que c'est que de résister, parce que nous aimons mieux mourir innocents, que de vivre coupables. »

De si beaux sentiments et une conduite si sage auraient dû dissiper les préjugés de l'empereur, et lui faire regarder ces soldats chrétiens comme les plus fidèles de tous ses sujets. Mais rien ne peut détromper ni désarmer les ennemis de la religion ; l'attachement qu'on montre pour elle est le seul crime qu'ils ne pardonnent pas. Loin donc de se laisser fléchir par les remontrances de ces soldats religieux, Maximien n'en devint que plus furieux contre eux ; et désespérant d'ébranler leur constance, il les fit investir par son armée qui les massacra. On n'en vit pas un seul faire la moindre résistance : tous mirent bas les armes, et se laissèrent tranquillement immoler par les soldats païens. La légion Thébéenne était pourtant composée de six mille hommes bien armés, qui pouvaient du moins vendre leur vie bien cher. Mais ils savaient qu'en rendant à Dieu ce qui est à Dieu, il faut aussi rendre à César ce qui est à César ; et, fidèles aux maximes de leur religion, ils se firent un devoir de préférer le martyre à l'apostasie et à la rébellion.

ADMIRABLE FERMETÉ D'UN SEIGNEUR DE PERSE.

Varanes, roi de Perse, ayant renouvelé la persécution que Cosroès II avait excitée contre l'Église, fit comparaître devant lui Hormisdas, issu d'une des plus anciennes familles du royaume, et lui ordonna de renier Jésus-Christ. « En faisant ce que vous exigez de moi, lui dit Hormisdas, j'offenserais Dieu ; et quiconque serait capable de violer la loi suprême du souverain

Seigneur de toutes choses, ne resterait pas longtemps fidèle à son prince, qui n'est qu'un homme mortel. » Cette sage réponse fit entrer le roi dans une étrange colère : il dépouilla Hormisdas des biens et des honneurs dont il jouissait; il lui fit même ôter ses habits, ne lui laissant qu'un morceau de toile qui lui ceignait les reins. Après l'avoir réduit en cet état, il le chassa de sa présence, et le condamna à conduire les chameaux de l'armée. Le Saint souffrit avec joie ce barbare traitement. Longtemps après, Varanes l'ayant aperçu par une fenêtre de son palais, remarqua qu'il était tout brûlé du soleil, et couvert de poussière. Le souvenir de ce qu'il avait été parut le toucher; il l'envoya chercher et lui fit donner une tunique, en lui disant : « Quittez donc enfin votre opiniâtreté, et renoncez au fils du charpentier. » Hormisdas, transporté d'un saint zèle, mit la tunique en pièces, et dit au roi : « Gardez votre présent, puisque vous voulez me le faire acheter par l'apostasie. » C'est ainsi que l'on parle et que l'on agit, lorsque, fermant l'oreille à la voix de l'ambition et de l'intérêt, on n'écoute que celle du devoir et de la Religion.

LE PASTEUR INTRÉPIDE.

Après avoir ruiné les villes de Cologne, de Trèves, de Metz, de Reims, de Besançon, et de toutes les meilleures places qu'ils avaient rencontrées sur leur passage, les Huns, sous la conduite du terrible Attila, leur roi, menaçaient la ville de Troyes de lui faire subir le même sort. Déjà ces barbares s'avançaient contre elle, en préludant à cette dernière calamité par le sang et le feu dont ils marquaient toute leur route, quand l'évêque saint Loup entreprit de la sauver.

Cet intrépide pasteur alla au-devant du prince farouche dont la seule figure inspirait l'effroi. Il était d'une taille médiocre, mais d'une carrure énorme, il avait la poitrine large, la tête extrêmement grosse, les yeux petits, mais étincelants, le nez plat, les cheveux négligés, le teint extraordinairement brun, de manière que son aspect, joint à la fierté de sa démarche et aux mouvements convulsifs dont il était perpétuellement agité, justifiait le nom de *fléau* de Dieu, qu'il se plaisait à prendre. Loup, supérieur à l'effroi général, l'aborde, et lui demande ce qu'il prétend. « Ignores-tu qui je suis ? repartit Attila : le fléau du Dieu vengeur remplit sa destination.

— Et moi, répliqua le Saint, je suis commis à la garde du troupeau du Dieu de miséricorde. Epargnez-en les faibles brebis, et ne frappez que le pasteur. »

Cette assurance et ce généreux dévouement plurent au Hun farouche. Il sentit que le Dieu dont il se disait le vengeur, pouvait seul inspirer tant de courage et de fermeté. Sa férocité s'adoucit; Troyes fut sauvée; et, en exaltant la charité héroïque du saint évêque à qui ils étaient redevables de leur salut, les habitants de cette ville reconnurent qu'un pasteur charitable est le don le plus précieux que le ciel puisse faire à un peuple.

INGÉNIEUSE RÉFUTATION DE L'ERREUR.

L'empereur Constantin Copronime, zélé partisan des iconoclastes, voyant qu'Etienne, abbé d'un fameux monastère de Nicomédie, était devenu par ses vertus l'objet de la vénération publique, se mit en tête d'attirer ce saint homme dans son hérésie, persuadé que, s'il y réussissait, il n'y aurait plus personne, même parmi les plus pieux solitaires, qui lui fît résistance. Il employa donc tour à tour l'artifice, les promesses et les menaces pour le séduire; mais, comme tout était inutile, il le fit enfin amener à Constantinople, et mettre dans la prison des Bains, les entraves aux pieds et les fers aux mains. Peu de jours après, il se rendit sur une terrasse, et l'y fit comparaître. Etienne, en y allant, se fit donner une pièce de monnaie où était l'effigie du prince, et la tint cachée sous ses habits. Aussitôt que l'empereur aperçut Etienne, il se livra à son emportement ordinaire, et s'écria : « Quelle impudence ! quel opprobre ! Voyez, je vous prie, quel est le misérable qui ose me résister et me traiter avec outrage ! » Le Saint tenait les yeux modestement baissés sans rien répondre. Le tyran lui lançait des regards foudroyants, et le menaçait en gesticulant, selon sa coutume ; puis il dit : « Toi, le plus vil des hommes, tu ne daignes pas me répondre ? »

Alors Étienne répondit avec une douceur et une tranquilité toute céleste : « Seigneur, si votre résolution est prise de me condamner, envoyez-moi au supplice, sans différer davantage ; mais, si votre majesté veut prendre connaissance de ma cause, qu'elle tempère le feu de son courroux : car c'est ainsi que les lois prescrivent aux juges d'en user. »

Constantin reprit : « Quels décrets des Pères avons-nous enfreint, pour te donner sujet de nous traiter d'hérétiques ? » Etienne répondit : « Vous avez condamné les saintes images que les Pères ont vénérées de tout temps, et qu'ils nous ont transmises ; confondant le sacré et le profane, vous n'avez pas horreur d'appeler indistinctement idoles la figure de Jésus-Christ et celle d'Apollon ; les images de la Mère de Dieu et celles de Diane ou de Vénus, de les fouler aux pieds de les livrer aux flammes.

— Homme stupide, reprit l'empereur, esprit lourd et bouché, est-ce qu'en foulant aux pieds des images, nous foulons Jésus-Christ? A Dieu ne plaise!

A ce moment, le Saint, présentant cette pièce de monnaie dont il s'était muni, dit au prince : « Seigneur, de qui sont cette image et cette inscription? » Constantin répondit : « De qui serait-ce, sinon de l'empereur? » Sur cela, l'homme de Dieu demande aux assistants quel traitement mériterait celui qui foulerait aux pieds l'image de l'empereur qui était empreinte sur la pièce d'argent qu'il tenait à la main? L'assemblée s'écria qu'il faudrait le punir rigoureusement. « Eh quoi! dit alors le Saint en poussant un profond soupir, c'est un crime énorme d'outrager l'image d'un empereur mortel, et on pourra jeter innocemment au feu celle du roi du ciel? »

Constantin sentit toute la justesse et toute la force de cette réflexion ; mais, bien loin de le convertir, elle ne fit que l'irriter toujours plus ; et, quelques jours après, il condamna Etienne à être décapité.

LEÇON SALUTAIRE POUR LA JEUNESSE.

Quelques jeunes gens, entraînés par la fougue des passions, ou par le torrent des mauvais exemples, s'égarent dans les routes du vice ; et dès qu'une fois ils y sont engagés, il est rare qu'ils songent à en revenir. S'ils pensent à leur conversion, ce n'est que pour la renvoyer au déclin de l'âge. Nous allons leur mettre sous les yeux un exemple bien propre à les détromper de cette erreur. Ils y verront un jeune homme qui s'était égaré comme eux; mais ils apprendront en même temps, par sa conduite et par ses paroles, que lorsqu'on a eu le malheur de s'éloigner de Dieu, on ne saurait trop s'empresser de retourner à lui.

Ce jeune homme, appelé Nil, était d'une figure et d'un enjouement d'esprit qui, joints à l'avantage d'une voix flatteuse, et à tous les talents d'agrément et de société, le firent rechercher dans le monde, tout au sortir de l'enfance. Malgré l'éducation très chrétienne qu'il avait reçue, il se laissa bientôt séduire par les attraits de ce monde trompeur, dont la faiblesse et l'inexpérience de son âge l'empêchèrent de sentir le danger. Il en adopta les maximes; il en suivit les exemples; il y forma des liaisons dangereuses; et ces liaisons ne tardèrent pas à l'entraîner jusque dans le crime. Mais la pensée des vérités éternelles, dont il s'était nourri dès les premières années de sa vie, excitèrent bientôt le repentir dans son âme; et la crainte de la mort, dans une fièvre violente dont il fut attaqué, le rendit efficace.

Sur-le-champ, et sans être encore guéri de la fièvre, il se leva, et partit pour aller chercher dans la solitude un asile où il pût être à l'abri des dangers du monde. Il rencontra sur la route un Sarrazin qui lui demanda brusquement qui il était, d'où il venait, où il allait. Nil lui découvrit son dessein avec ingénuité. Le Sarrasin considérant sa jeunesse et la richesse de ses vêtements, car il avait encore son habit séculier: « Tu devrais au moins attendre la vieillesse, lui dit-il, pour t'engager dans la vie monastique, si telle est ta fantaisie. »

Nil, voulant lui faire sentir que nous devons servir le Seigneur en tout temps, et surtout dans le premier âge, lui fit cette sage réponse: « Quoi! vous voulez que j'attende la vieillesse pour me consacrer au service de Dieu! Mais un sacrifice arraché par la nécessité est-il donc digne de lui; et croyez-vous qu'un vieillard, qui n'a plus la force de servir son prince, soit plus propre au Roi des rois? »

Le Sarrasin, touché de ce discours, lui montra le chemin, en le comblant d'éloges, et en l'encourageant à suivre son projet. Il l'exécuta en effet, et il répara si bien les désordres de sa jeunesse, qu'il s'éleva, par ses vertus, à la sainteté la plus éminente.

CONDUITE DIFFÉRENTE DES CHRÉTIENS ET DES PAIEN D'ALEXANDRIE, DURANT LA PESTE.

Dans le temps que la peste ravageait la ville d'Alexandrie de la manière la plus effrayante, la crainte de mourir, dit saint Denis de Corinthe, cité par Eusèbe, éloignait les païens de leurs amis et de leurs proches. Ils ne les voyaient pas plus tôt frappés de la maladie, qu'ils les abandonnaient sans secours. Ils les jetaient même à demi morts dans les rues, et refusaient la sépulture à ceux qui ne vivaient plus.

Mais les chrétiens montrèrent en cette occasion de quoi la charité est capable. Ces hommes qui, pendant la persécution, avaient été obligés de se cacher et de tenir leurs assemblées dans les déserts, qui n'avaient pu offrir les saints mystères que dans les prisons ou des lieux souterrains, ces hommes, dis-je, accoururent au secours des pestiférés, et se dévouèrent même au service de leurs plus implacables persécuteurs. Ils fermaient les yeux et la bouche aux morts, et les emportaient ensuite sur leurs épaules pour leur rendre les derniers devoirs.

Plusieurs furent victimes de leur charité ; mais ils laissaient, en mourant, de fidèles imitateurs de leur zèle, à leur tour remplacés par d'autres. C'est ainsi, ajoute saint Denis, que les plus pieux de nos frères, que les plus saints de nos prêtres, de nos diacres, et même de nos laïques, ont terminé leur vie, et il est hors de doute que ce genre de mort ne diffère en rien du martyre; mais il n'est pas moins certain qu'il n'y a que les motifs surnaturels que nous offre le christianisme, qui puissent déterminer les hommes à se sacrifier ainsi pour leurs semblables.

LES FLATTEURS CONFONDUS.

Canut, l'un des plus saints rois qu'ait eu l'Angleterre, craignait autant le langage de l'adulation, qu'il aimait celui de la vérité. Un jour qu'il se trouvait au voisinage de Winchester, sur le rivage de la mer, l'un de ses courtisans, par une de ces flatteries idolâtriques dont on ne se fait pas scrupule dans les cours les plus chrétiennes, lui donna le titre superbe de Roi des rois, et de maître de la mer, ainsi que de la terre.

Le prince, sans rien répondre, plia son manteau, le mit au bord des ondes, et s'assit dessus. Après quoi, voyant venir le flux : « Tu es soumise à mes ordres, dit-il à la mer : je te commande de respecter ton maître, et de ne point venir jusqu'à lui. » On écoutait avec étonnement lorsque les premiers flots venant à mouiller les pieds du roi : « Vous voyez, dit-il, comment je suis le maître de la mer. Apprenez par là ce que c'est que la puissance des rois mortels, et qu'il n'est point d'autre roi que cet Etre suprême par qui la terre, la mer, tous les éléments ont été créés et sont gouvernés. » Après cette grande leçon, il se leva, et suivi de tous ceux qui l'environnaient, alla droit à l'église de Winchester. Là, mettant sur la tête du crucifix le diadème qu'il avait coutume de porter, il protesta que celui-là seul mérite de porter la couronne, à qui toutes les créatures obéissent. Il n'en voulut jamais user dans la suite. Canut mourut peu après cette action si digne de terminer un règne qui n'avait presque été qu'une suite continuelle de bonnes œuvres.

SAINT LOUIS.

Après s'être signalé par des prodiges de valeur, et avoir conquis une partie de la Terre-Sainte, qu'il voulait soustraire au joug des infidèles, Louis IX, roi de France, eut la douleur de voir périr presque toute son armée, et il tomba lui-même entre les mains des barbares, avec ses deux frères, les comtes de Poitiers et d'Anjou. Il fut conduit et emprisonné à la Massoure. Pendant sa détention, il ne manqua point de réciter l'office chaque jour, aux heures ordinaires, et s'acquitta de tous les devoirs de la religion, en présence des infidèles que confondait sa piété. Ils ne se lassaient pas d'admirer sa tranquillité, sa douceur, sa patience, sa fermeté à rejeter les propositions qu'il ne jugeait pas raisonnables. « Nous te tenons captif, lui disaient-ils, et tu nous traites comme si nous étions nous-mêmes dans les fers. » Les émirs se regardant les uns les autres, disaient que *c'était le plus fier Chrétien qu'ils eussent vu.*

Le soudan lui ayant fait demander, avec menaces, de lui rendre, outre Damiette, toutes les places qui restaient aux Chrétiens dans la Palestine, il consentit pour Damiette qui n'était pas en état de se défendre; mais quant aux autres places de la Terre-Sainte, il répondit qu'elles ne lui appartenaient pas, et que cet article ne le regardait point. On le menaça de lui écraser tous les os entre deux pièces de bois. Il repartit froidement qu'il était leur prisonnier, et qu'ils pouvaient faire de lui ce qu'ils voudraient.

Le voyant inaccessible à la crainte, le soudan lui fit demander la restitution de Damiette, et un million de besans d'or, valant alors cinq cent mille livres, monnaie de France, et qui vaudraient aujourd'hui plus de sept millions, tant pour sa rançon que pour les frais de la guerre.

« J'accorde volontiers, répondit-il, la somme qu'on demande pour mes sujets; mais il est indigne, pour ma personne, d'être mis à prix d'argent; je rendrai pour elle la ville de Damiette. » Le sultan ayant reçu cette réponse, s'écria plein d'admiration :

« Ce Français est aussi grand dans les fers que les armes à la main! Je lui remets cent mille livres : il n'en paiera que quatre cent mille. » Le traité fut conclu à ces conditions; mais le soudan ayant été assassiné par ses émirs, en allant prendre possession de Damiette, le saint roi eut tout à souffrir de leur brutalité, et se vit vingt fois au moment d'en être la victime.

Un de ces émirs, les mains et l'épée encore fumantes du sang de son maître, l'aborda et lui dit : « Que me donneras-tu pour avoir tué ton ennemi, qui t'eût fait mourir s'il eût vécu? » Louis détourna la tête avec indignation, sans lui répondre. Ce furieux levant le fer, et prêt à frapper : « Fais-moi chevalier, lui dit-il, ou je te tue. » Le roi répondit sans s'émouvoir, que jamais il ne ferait chevalier un infidèle.

Cette fermeté d'âme désarma tous ces forcenés : ils baissèrent les yeux et la tête; et les mains croisées sur la poitrine, ils saluèrent le roi à leur manière, et lui dirent avec respect : « Ne craignez rien, seigneur, vous êtes en sûreté. » Ils mirent même en délibération de le faire soudan; la résolution ne fut arrêtée que par les plus politiques d'entre eux, qui pensèrent avoir tout à craindre, pour leur religion, d'un prince aussi pieux que Louis. On ratifia de nouveau les articles désignés; il ne manquait plus que d'en jurer l'observation. Les émirs exigeant du roi un serment qu'il crut ne pouvoir faire à cause des imprécations dont il était rempli, il y eut un moment où toute la négociation fut presque rompue, et où Louis pensa être mis à mort avec tous les prisonniers. « A Dieu ne plaise, dit-il, quoi qu'il en puisse arriver, que de telles paroles sortent jamais de la bouche d'un roi de France! » Puis s'adressant au Sarrasin que les émirs avaient chargé de recevoir le serment, il lui dit : « Allez dire à vos maîtres qu'ils en peuvent faire à leur volonté, et que j'aime mieux mourir bon chrétien que de vivre au courroux de Dieu. »

Les émirs, outrés de colère, vinrent l'épée à la main dans sa tente, pour le forcer au serment, ou le massacrer. Louis répondit tranquillement que Dieu les avait rendus maîtres de son corps; mais que son âme était entre ses mains, et qu'ils ne pouvaient rien sur elle.

Il fut impossible de l'ébranler : il persista toujours à refuser un serment qu'il regardait comme un blasphème. Enfin, les émirs n'insistèrent plus : le traité fut conclu, et le roi eut la liberté de retourner en France, après avoir passé un mois entier dans une captivité qui fut plus glorieuse pour lui et pour la religion que toutes les victoires qu'il avait remportées sur les infidèles.

L'ENFANT SAINTEMENT JALOUX DU SORT DE SES FRÈRES.

Les différentes tentations que saint Bernard avait éprouvées dans sa jeunesse lui ayant fait comprendre qu'il avait tout à craindre des dangers du monde, il résolut de le quitter, pour se retirer à Cîteaux, où l'on servait Dieu avec beaucoup de ferveur. Sa famille s'opposa d'abord à l'exécution de son projet; mais l'éloquence pathétique et insinuante qui lui était naturelle, avec l'onction de la grâce qui distillait de ses lèvres, eut bientôt triomphé des plus grands obstacles. Non-seulement il obtint la liberté de se consacrer lui-même à Dieu dans la solitude, mais encore il inspira aux autres le désir de l'y suivre; et tous ses frères, à l'exception du plus jeune, qu'il laissait à son père pour la consolation de sa vieillesse, furent presque aussitôt gagnés qu'invités.

Ils se retirèrent d'abord à Châtillon-sur-Seine, dans une maison qui fut comme un premier noviciat sous l'habit séculier. Après six mois passés de la sorte, le moment de consommer leur sacrifice étant arrivé, ils partirent tous ensemble pour se rendre à Cîteaux. Les cinq frères étant allés à la maison paternelle, pour demander la bénédiction de leur père, Gui, l'aîné de la famille, aperçut, en sortant, le plus jeune, nommé Nivard, qui jouait dans la rue avec des enfants de son âge. « Adieu, mon petit frère Nivard, lui dit-il; vous demeurerez l'unique héritier : vous aurez seul nos biens et nos terres.

— Quoi! répondit l'enfant avec une sagesse au-dessus de son âge, vous prenez le ciel pour vous, et vous me laissez la terre! le partage est trop inégal. » Nivard demeura néanmoins avec son père, jusqu'à ce qu'il fût en âge de se consacrer au Seigneur; mais alors ni parents ni amis ne purent l'empêcher d'aller se réunir à ses frères dont il enviait le bonheur! Oh! pourquoi la jalousie qui règne ordinairement parmi les frères n'a-t-elle pas toujours un objet aussi louable.

MORT DE BAYARD.

Tandis que Pierre du Terrail, connu sous le nom de chevalier Bayard, combattait vaillamment pour la gloire de son prince et de sa patrie, il fut blessé à mort; un coup d'arquebuse lui brisa les vertèbres. Dès qu'il sentit que sa blessure était mortelle, il réclama le nom du Sauveur des hommes; et prenant la garde de son épée pour se représenter la croix, il la baisa dévotement, en récitant quelques versets du *Miserere*.

Bientôt il ne fut plus en état de se tenir à cheval; il se fit descendre par son écuyer, s'assit par terre, le dos appuyé contre un arbre, et le visage tourné vers l'ennemi. Il y avait autour de lui plusieurs officiers qui ne voulaient pas le quitter; mais il les conjura de se réserver pour le bien de la patrie, et de ne pas augmenter l'avantage de l'ennemi en se laissant faire prisonniers. Il ne resta pour l'assister que son écuyer, auquel il se confessa pour suppléer, par l'humilité, à la grâce du Sacrement qu'il ne pouvait recevoir. Ce jeune homme fondant en larmes près d'un maître si justement cher, le héros s'oublia lui-même pour le consoler, en lui disant : « C'est Dieu qui abrège mes jours, et je n'en ai point de regret. Toute ma douleur est de n'avoir pas vécu aussi bien que je le devais. Je me proposais toujours de m'amender; mais puisqu'il faut mourir, je supplie mon Créateur d'user de sa clémence; j'espère qu'il ne me jugera pas dans la rigueur de sa justice. »

Dans le temps qu'il manifestait des sentiments si chrétiens, le connétable de Bourbon, qui avait pris les armes contre sa patrie, vint lui témoigner sa sensibilité, et lui offrir les plus habiles chirurgiens. « Il n'est plus temps, lui répondit Bayard, de recourir aux médecins du corps, mais à ceux de l'âme. Je sens qu'il n'y a plus de remède, et qu'il faut mourir; je bénis

Dieu de ce qu'il me fait la grâce de reconnaître, à la fin de ma vie, et de détester mes péchés. »

Ces paroles attendrirent le connétable sur le sort de Bayard : et continuant à le plaindre, il lui dit qu'il avait grande pitié de lui. « Monsieur, répliqua le chevalier, je ne suis pas un objet de pitié, car je meurs en homme de bien. Mais j'ai pitié de vous qui portez les armes contre votre souverain, votre patrie et votre serment. En tranchant court, laissez-moi, je vous supplie, implorer mon Rédempteur et pleurer mes péchés, car je suis près de lui rendre mon esprit. »

Il vécut néanmoins encore assez pour faire sa confession à un prêtre. Après quoi, toujours occupé de sentiments de componction et d'une foi vive : « Mon Créateur, dit-il, qui m'as mis, par faveur gratuite, au nombre des chrétiens, je te supplie et te conjure d'avoir pitié de moi, et de me pardonner mes innombrables péchés, dont je me repens de tout mon cœur. Hélas! mon Dieu, créateur et rédempteur, je suis assuré que ta miséricorde est plus grande que tous les péchés du monde. Partant, Seigneur, en tes mains je recommande mon âme. » En proférant ces paroles, il rendit le dernier soupir. On lui avait donné, pendant sa vie, le glorieux surnom *de chevalier sans peur et sans reproche*. Mais aux approches de la mort, il se reprocha amèrement de n'avoir pas servi son Dieu avec autant de zèle et de fidélité que son roi.

LES SUITES FUNESTES DU CRIME.

Les hommes qui sont aveuglés par la passion se flattent de trouver leur satisfaction dans le crime; mais lorsqu'ils l'ont enfin commis, ils sont forcés de reconnaître qu'il ne produit que des remords et des malheurs. Ce furent là les fruits amers que Henri II, roi d'Angleterre, recueillit de l'horrible attentat dont il s'était rendu coupable envers saint Thomas, archevêque de Cantorbéry.

Comme il n'avait pu vaincre, par aucun moyen, la fermeté inébranlable de ce prélat qui s'opposait à ses injustes usurpations, après avoir invectivé contre lui, il dit un jour dans un transport de colère : « Ne se trouverait-il donc personne pour me venger d'un prêtre qui trouble tout mon royaume? » Aussitôt, quatre gentilshommes du palais, dans l'espoir de se rendre agréables à leur souverain, se hâtèrent d'aller à Cantorbéry, pour immoler le saint archevêque, qui reçut la mort avec la même constance qu'il avait montrée en repoussant l'injustice.

A peine Henri eut-il appris cet assassinat, qu'il s'abandonna à une espèce de désespoir. Pendant trois jours, il s'interdit l'entrée de l'église, ne voulut voir personne, et ne prit qu'un peu de lait d'amande pour toute nourriture. Il avait sans cesse devant les yeux le sang innocent qui venait d'être versé, et il se reprochait continuellement, les larmes aux yeux, l'imprudence qu'il avait commise, en laissant échapper le propos qui avait animé les assassins. Pour la réparer, il accepta, avec la plus parfaite soumission, toutes les œuvres de pénitence que les légats du Saint-Siége lui prescrivirent; mais le Seigneur ne parut pas satisfait de ces réparations. A son rigoureux tribunal, les souverains sont comptables des crimes auxquels leurs passions et leur négligence peuvent donner lieu. Aussi, quoique Henri II eût juré sur les Evangiles qu'il n'avait ni commandé ni permis la mort de l'archevêque Thomas, il ne laissa point d'être en butte aux coups les plus sensibles que la justice divine puisse en ce monde porter à un prince. Ses propres enfants et leur mère Éléonore se révoltèrent contre lui. Le feu de la discorde s'alluma de tous côtés. Plusieurs princes semblèrent s'accorder en même temps à lui faire la guerre; et il apprit que le roi d'Écosse, d'intelligence avec les mutins d'Angleterre, était sur le point d'envahir son royaume, où il avait déjà pénétré.

Alors Henri, pensant avec raison que ses ennemis n'étaient que les ministres de la vengeance divine, et qu'il devait principalement s'occuper à la désarmer, alla droit à Cantorbéry; et laissant son équipage hors de la ville, il se mit nu-pieds, prit pour tout vêtement une méchante tunique, et se rendit en silence à la cathédrale, près du tombeau de saint Thomas. Là, sans avoir pris aucune nourriture, il passa le reste du jour et toute la nuit en prières, prosterné sans tapis sur le pavé; puis les épaules nues, il voulut que chaque évêque qui se trouvait présent, et les religieux de la communauté, au nombre de quatre-vingts, le frappassent de verges l'un après l'autre. Des railleurs insipides ne manquèrent pas de l'insulter, mais le retour inespéré de sa première fortune leur ferma bientôt la bouche. Le lendemain même de la pénitence humiliante de Henri, le roi d'Écosse fut battu. Peu de temps après, la paix se rétablit entre la France et l'Angleterre. Tous les projets des ennemis de Henri furent déconcertés; sa famille lui redemanda ses bonnes grâces, aux conditions qu'il lui plairait de prescrire. En moins de trois mois, il se vit aussi puissant qu'il l'avait jamais été, et beaucoup plus tranquille.

Mais si la vengeance céleste fut désarmée par le repentir de ce prince imprudent, qui, dans un moment de colère, avait semblé désirer le crime, elle ne cessa de poursuivre les hommes féroces à qui une vile ambition l'avait fait commettre. Dans le cours de trois années qui suivirent la mort de saint Thomas, la main de Dieu s'appesantit visiblement sur ses quatre meurtriers. Bourrelés par leurs remords, aussitôt qu'ils eurent commis leur forfait, ils n'osèrent retourner à la cour qu'ils avaient prétendu servir. Ils se retirèrent dans une terre écartée, appartenant à l'un d'entre eux. Le déshonneur imprimé sur leur front n'y put être caché; et ils firent horreur aux gens du pays. Les personnes du rang le plus commun ne voulaient ni manger avec eux, ni leur parler, et l'on jetait les restes de leurs repas aux chiens, qui n'y touchaient pas, si l'on en croit les auteurs du temps.

Devenus insupportables à eux-mêmes, ils allèrent se remettre à la merci du Pape, qui leur imposa pour pénitence le pèlerinage de Jérusalem. L'un d'eux, nommé Guillaume de Traci, fut attaqué à Consenza en Calabre, d'une horrible maladie, où les chairs lui tombèrent par lambeaux, principalement des pieds et des mains. Il mourut dans cet état, témoignant un regret extrême de son crime, et invoquant sans cesse le nouveau martyr. Ses trois complices abordèrent en Palestine; mais ils y moururent presque aussitôt, dans les mêmes agitations de conscience. On les enterra devant la porte du Temple, et on grava cette épitaphe sur leur tombeau : « Ci-gisent les malheureux qui ont martyrisé le bienheureux Thomas, archevêque de Cantorbéry. »

L'APOSTOLAT.

Il n'est aucun conquérant qui se soit montré aussi intrépide que le fut saint François-Xavier, apôtre des Indes et du Japon, lorsqu'il entreprit d'assujétir les îles du More à l'empire de Jésus-Christ. On lui en avait fait la peinture la plus effrayante, et l'image qu'on lui en avait tracée était entièrement conforme à la vérité. Ces îles, aussi stériles qu'affreuses, paraissaient moins propres à des hommes qu'aux reptiles venimeux qu'on y rencontre à chaque pas. L'air y était si grossier et si corrompu, que souvent les étrangers tombaient morts, ou du moins évanouis en y débarquant. La terre y tremblait presque sans cesse, s'entr'ouvrait quelquefois sous les pas du voyageur, et les montagnes, de leurs flancs rompus, vomissaient des tourbillons de flamme et de fumée si abondants, si continuels, et avec des mugissements si horribles, que ces volcans semblaient autant de soupiraux de l'enfer.

Le caractère des habitants répondait à la malignité du climat. Ils étaient les plus cruels, les plus perfides de tous les barbares ; et ils portaient la férocité jusqu'à se régaler les uns les autres de la chair de leurs proches devenus vieux. Ce qui eût été pour tout autre un objet d'effroi, ou du moins d'aversion et d'exécration, eut un attrait tout particulier pour Xavier. « Les nations plus traitables et plus opulentes, dit-il à ses amis qui faisaient les derniers efforts pour l'arrêter, ne manqueront point de prédicateurs; mais celle-ci est pour moi, puisque personne n'en veut. Si elle avait des bois odoriférants et des mines d'or, on braverait tous les périls pour aller les lui enlever; faut-il donc que les marchands soient plus intrépides que les missionnaires? Ces peuples infortunés seront-ils exclus seuls du bienfait de la rédemption? Ils sont très barbares et très brutaux, j'en conviens; mais qu'ils le soient encore davantage, celui qui fait fleurir les troncs arides et convertit, quand il lui plaît, les pierres en enfants d'Abraham, n'est-il pas assez puissant pour fléchir leurs cœurs? Ne puissé-je en tous cas procurer le salut que d'un seul d'entre eux, je me croirais trop bien récompensé de tous les travaux et de tous les périls dont on prétend me faire peur. »

Il entra dans les îles du More avec ces sentiments; et durant la pénible et dangereuse mission qu'il y fit il montra toujours le même zèle et la même intrépidité. Un jour qu'il célébrait le saint sacrifice, la terre fut tout-à-coup agitée de si violentes secousses, que tout le monde s'enfuit de l'église en désordre. Il resta seul à l'autel, sans donner le moindre signe d'effroi ou de distraction. Les barbares se persuadèrent qu'un homme qui demeurait immobile tandis que les rochers tremblaient, était quelque chose de plus qu'un mortel. Aussi embrassèrent-ils bientôt la religion divine qu'il venait leur prêcher. Tolo, chef-lieu de l'île principale, et qui comptait vingt-cinq mille habitants, fut entièrement converti ; les autres villes suivirent cet exemple, et changèrent d'une manière si éloignée de toutes les conjectures humaines, que le saint apôtre les nomma, depuis, les *Iles de la Providence*.

TRAIT DE GRANDEUR D'AME.

Un jour que Fernandès, l'un des compagnons de saint Xavier, prêchait dans la ville d'Amanguchi, un homme de la lie du peuple s'approcha comme pour lui parler, et lui cracha au visage. Le missionnaire, sans dire un seul mot, et sans faire paraître aucune émotion, prit son mouchoir pour s'essuyer, et continua tranquillement son discours. Chacun fut surpris d'une modération aussi héroïque. Ceux qu'une telle insulte avait d'abord fait rire, furent saisis d'admiration. Un des plus savants docteurs de la ville, qui était présent, après avoir réfléchi sur ce qui venait de se passer sous ses yeux, se dit à lui-même : « Cet étranger a bien raison de nous assurer que la doctrine qu'il nous annonce est une doctrine toute céleste. Une foi qui inspire un tel courage, une telle grandeur d'âme, et qui fait remporter sur soi-même une victoire si complète, ne peut venir que du ciel. » Le sermon achevé, il confessa que la vertu du prédicateur l'avait touché : il demanda le baptême, et fut baptisé solennellement. Cette illustre conversion fut suivie d'un grand nombre d'autres : les bons exemples font plus d'impression que les meilleurs discours.

LE PÈRE ET LE SAUVEUR DES PAUVRES MALADES.

L'un des établissements qui font le plus d'honneur à la Religion, est celui que forma saint Jean de Dieu, en fondant l'ordre de la Charité. Cet homme admirable, voyant que les pauvres malades étaient souvent abandonnés, prit la généreuse résolution de se dévouer entièrement à leur service. Il commença par vendre du bois au marché, et il employait à l'entretien des indigents le gain qui lui en revenait. Il loua ensuite une maison pour y retirer les pauvres malades, et il pourvoyait à tous leurs besoins avec autant de zèle et d'activité qu'un père à l'égard de ses enfants. Il passait les jours auprès des malades, et employait les nuits à en transporter de nouveaux dans son hôpital.

L'exemple du saint excita la charité de plusieurs personnes vertueuses, et il en reçut bientôt des secours, qui le mirent en état de donner plus d'étendue à l'asile qu'il avait ouvert aux malheureux. Mais, tandis qu'il se réjouissait des heureux accroissements qu'il prenait chaque jour, il eut la douleur de voir tout-à-coup le feu prendre à son hôpital. A cette vue, il sentit dans son cœur un redoublement de tendresse pour ses pauvres malades ; et alarmé du danger qu'ils couraient, il résolut de s'exposer à tout pour les sauver.

En vain lui représenta-t-on qu'en voulant les préserver de l'incendie, il en serait infailliblement lui-même la première victime. « Si je n'ai pas, dit-il, le bonheur de les délivrer, j'aurai du moins le mérite de l'avoir tenté ; et, si je meurs, je mourrai martyr de la charité. Peut-on souhaiter une plus belle mort ? »

Après avoir dit ces mots, il s'élance vers l'endroit qui était en proie à l'incendie ; il pénètre, malgré le feu, dans le logement qu'occupaient les malades ; il les met sur son dos les uns après les autres, et les emporte à travers les flammes. La divine Providence récompensa visiblement sa charité par une protection particulière ; car ni lui, ni ses pauvres, ne furent endommagés par le feu. Tout le reste de sa vie ne fut employé qu'à les soulager, et il a laissé, après sa mort, un ordre qui a perpétué les secours qu'il leur avait ménagés.

SAINT CHARLES BORROMÉE.

Saint Charles Borromée, cardinal, et archevêque de Milan, était à Lodi lorsqu'on vint lui annoncer que la peste avait pénétré dans Milan, et y faisait déjà les plus grands ravages. A cette nouvelle, il se mit en chemin pour aller au secours des malheureux habitants de cette ville. Il n'y fut pas plus tôt arrivé, qu'il se vit environné d'une foule innombrable qui criait miséricorde, et lui demandait son assistance, comme des enfants à leur père. Les officiers de sa maison, ses amis, une foule de savants et vertueux personnages, vinrent aussi le trouver, surtout quand ils le surent résolu à servir lui-même les pestiférés. Ils lui conseillèrent de se retirer dans quelque lieu sain, d'où il pourrait donner ses ordres pour l'assistance des malades. Pour l'engager à prendre cette précaution que semblait exiger le soin de sa vie, ils ne manquèrent pas le lui représenter qu'il se devait à tout son diocèse, dont la ville de Milan ne faisait qu'une partie; qu'il se devait même à toute l'Eglise, beaucoup plus que bien d'autres évêques, par qui Dieu n'avait pas témoigné vouloir faire d'aussi grandes choses.

Charles, que sa tendresse pour ses ouailles

empêcha de goûter ces maximes, objecta l'exemple des saints évêques de tous les siècles qui, en pareilles rencontres, n'avaient pas balancé à mettre leur vie en péril pour leur troupeau. Et, comme on lui eut répondu que c'était là une œuvre de perfection et non pas d'obligation : « C'est une œuvre de perfection? reprit-il. C'est donc une œuvre d'obligation pour moi, puisque l'épiscopat est un état parfait et que je suis évêque. »

Après avoir ainsi pris la généreuse résolution de s'immoler pour son peuple, il ne s'occupa plus qu'à lui procurer tous les secours temporels et spirituels dont il pouvait avoir besoin. Tout ce qu'il avait d'argenterie fut envoyé à la monnaie. Tous ses meubles furent vendus, ou appliqués à l'usage des malades ; il ne se réserva que quelques planches sur lesquelles il couchait, et un méchant drap dont il s'enveloppait. Les tapisseries, bonnes ou mauvaises, les tapis, les portières, les tours de lit, le linge, ses propres vêtements, il fit tout mettre en pièces pour habiller les pauvres et les infirmes. Mais, comme il était encore plus zélé pour le salut de leur âme que pour le soulagement de leur corps, il s'appliqua surtout à leur inspirer des sentiments de pénitence, à les réconcilier avec Dieu. Il allait, pour cela, jusque dans la maladrerie où ces malheureux étaient renfermés, et conjuraient par les fenêtres, en des termes qui déchiraient les entrailles des personnes qui passaient, de les assister, au moins pour les besoins de leur âme.

Le cours de la maladie continuant, et redoublant même de jour en jour, le saint archevêque, qui ne la regardait avec raison que comme une marque du courroux du ciel, crut devoir chercher à le désarmer en ordonnant des processions générales. Il parut à la tête de tous les citoyens, couvert d'une chape de couleur lugubre, une grosse corde au cou, et tenant à la main un grand crucifix qu'il arrosait de ses larmes. Il parcourut, nu-pieds, presque toute la ville, à travers les glaces et les neiges dont les rues étaient remplies ; il marcha même sur un clou, qui lui entra si avant dans l'orteil, qu'il en tomba presque de douleur. Il ne voulut cependant pas s'arrêter, ni souffrir qu'on pansât sa blessure, avant la fin de toutes les cérémonies. Il s'était dévoué comme une victime publique pour tous les pécheurs, dont il s'estimait le plus grand. Il se réjouit de ce que l'effusion de son sang donnait de la réalité à son sacrifice, et demanda avec ardeur que la justice divine, en se contentant de la vie du Pasteur, daignât faire grâce au troupeau. La colère du Tout-Puissant ne put tenir contre une humiliation si touchante : la contagion se ralentit peu à peu ; et, après quinze ou dix-huit mois de ravages, elle finit entièrement à Milan.

Mais, comme ce fléau terrible désolait les pays circonvoisins, Charles, voulant montrer qu'un évêque se doit à tout son diocèse, quitta la ville pour aller visiter les pestiférés épars dans les campagnes. Ayant appris que le curé d Saint-Raphaël était frappé de la peste, il se mit aussitôt en devoir de lui porter les derniers sacrements. On lui remontra plus fortement que jamais qu'il se devait à tout son troupeau, et que la justice même voulait qu'il en préférât le soin à celui d'un particulier. On lui présentait en même temps un prêtre tout prêt à remplir ce ministère. Le cardinal, qui tenait déjà le saint viatique, entendit tout ce qu'on voulut lui dire, et remercia des témoignages d'affection qu'on lui donnait. « Mais il est du devoir strict d'un évêque, reprit-il d'un air décidé, de faire, au moins pour l'exemple, ce que l'amitié vous fait envisager sous une autre face. Si le premier pasteur marque de l'effroi, quels seront les subalternes qui ne tremblent et ne fuient lâchement? » Il administra les sacrements au malade, et demeura auprès de lui jusqu'à ce qu'il eût rendu l'âme, quoiqu'il sentît si mauvais dans la chambre, que ceux mêmes qui ne craignaient pas, n'en pouvaient approcher.

Il rendit le même office à deux curés de campagne, et généralement à tous les prêtres en péril. Il baptisa plusieurs enfants qu'il trouva nouvellement nés dans des chaumières infectes. Pour le sacrement de confirmation, la contagion, qui semblait une raison de dispense, fut pour lui un motif plus pressant de le conférer.

comme établi pour affermir les chrétiens dans la foi et les prémunir contre les dangers du salut. Il l'administra de porte en porte, dans la ville et les villages, sans faire aucune distinction des maisons saines ou infectées. Il arriva même, dans un château, qu'une personne, à peine confirmée, tomba morte à ses pieds sans qu'il marquât la moindre émotion, ni qu'il discontinuât de donner aux autres l'onction de sa main. Dans une autre rencontre, il prit lui-même un enfant attaché au sein de sa mère tombée morte, afin de sauver la vie à cet innocent abandonné, et il ne cessa de secourir les malades, que lorsque la contagion eut entièrement cessé dans son diocèse. Quel présent du ciel pour un peuple, qu'un pasteur de ce caractère! Combien le monde ne serait-il pas heureux, ou combien du moins n'aurait-il pas de ressources dans ses malheurs, si cette charité divine embrasait tous les cœurs.

QUELQUES TRAITS DE SAINT FRANÇOIS DE SALES.

Lorsqu'il fut devenu évêque de Genève, ses aumônes étaient si abondantes, qu'elles paraissent incroyables, quand on les compare à la modicité de ses revenus. Il donnait toujours, sans penser à ce qu'exigeait l'entretien de sa maison;

jusque-là que son intendant, qui manquait souvent de fonds, le querellait et le menaçait de le quitter. « Vous avez raison, lui répondit un jour le Saint avec une naïveté admirable : je suis incorrigible, et qui pis est, j'ai bien l'air de l'être longtemps. » Lui montrant ensuite un crucifix : « Peut-on, ajouta-t-il, refuser quelque chose aux membres souffrants d'un Dieu qui s'est mis en cet état pour nous? »

Christine de France, princesse de Piémont, l'ayant choisi pour son aumônier, lui fit présent d'un très beau diamant, qu'elle lui recommanda de garder pour l'amour d'elle. « Madame, dit François de Sales, je vous le promets, tant que les pauvres n'en auront pas besoin.

— En ce cas, répondit la princesse, contentez-vous de l'engager, et je le dégagerai.

— Madame, répliqua le prélat, je craindrais que cela n'arrivât trop souvent, et que je n'abusasse enfin de vos bontés. » La princesse l'ayant vu depuis à Turin sans le diamant, il lui fut aisé de deviner ce qu'il était devenu. Elle lui en donna un autre d'un plus grand prix encore, puis en lui recommandant bien de n'en pas faire comme du premier. « Madame, répondit le Saint, je ne vous en réponds pas : je suis peu propre à garder les choses précieuses. » Il fut en effet fort peu soigneux de le conserver : car la princesse parlant un jour de ce diamant, un gentilhomme lui dit qu'il se trouvait presque toujours engagé pour les malheureux, et qu'il était moins à l'évêque de Genève qu'à tous les pauvres d'Annecy.

Un particulier lui demanda vingt écus à emprunter, et voulait lui faire sa promesse. Le bienheureux n'avait pas toujours de telles sommes à donner; néanmoins comme il avait le cœur bon, et qu'il se fût mis en pièces pour le prochain, il s'avisa d'une adresse qui soulagea ce personnage, et qui proportionna la libéralité du prélat à ses forces : il alla prendre dix écus; et lorsqu'il fut revenu, il lui dit : « J'ai trouvé un expédient qui nous fera gagner dix écus à chacun, si vous voulez me croire.

— Monseigneur, dit cet homme, que faudrait-il faire ?

— Nous n'avons, vous et moi, répondit le Saint, qu'à ouvrir la main; cela n'est pas bien difficile. Tenez, voilà dix écus que je vous donne en pur don, au lieu de vous en prêter vingt. Vous gagnerez ces dix écus ; et moi, je tiendrai les dix autres pour gagnés, si vous m'exemptez de vous les prêter. »

Pour donner au saint évêque de Genève une marque de la haute estime qu'il avait conçue pour lui, Henri IV, roi de France, lui fit offrir une abbaye considérable ; mais le bienheureux la refusa, en disant qu'il craignait autant les richesses que d'autres pouvaient les désirer; et que moins il en posséderait, moins il aurait de compte à rendre.

Une autre fois le même prince le pressait d'accepter une pension : « Je sens, lui dit le Saint, tout le prix du don que votre Majesté daigne m'offrir ; mais je la supplie en même temps de permettre que je laisse cette pension entre les mains de son trésorier royal, jusqu'à ce que j'en aie besoin. » Le roi, frappé de cette réponse, qui n'était qu'un honnête refus, ne put s'empêcher de dire : « On croit que les rois sont au faîte de la grandeur; mais, par l'heureuse indépendance où sa vertu l'a mis, l'évêque de Genève est autant au-dessus de moi, que la royauté m'élève au-dessus des autres hommes. »

Quelqu'un semblait le plaindre un jour de ce que les revenus de son évêché étaient trop modiques. « Mon évêché, répondit le Saint, me vaut autant que l'archevêché de Tolède : car il me vaut le paradis ou l'enfer, aussi bien que celui de Tolède à son archevêque, selon que l'un et l'autre nous nous comporterons en nos charges. »

Tandis qu'il faisait la visite de son diocèse, le mauvais temps le força de chercher un asile dans la chaumière d'un laboureur; il fut même obligé d'y passer plusieurs jours, et il n'y avait pour nourriture qu'un pain noir, et pour lit qu'un peu de paille. Quelqu'un ayant voulu le plaindre sur les incommodités qu'il y endurait : « Est-ce donc un si grand mal, s'écria-t-il, que nous soyons pendant quelques jours ce que ces pauvres gens sont toute leur vie; et bien loin de nous plaindre, ne devons-nous pas nous féliciter de ce qu'en partageant leur pauvreté, nous les animons à la supporter? »

S'étant éveillé un jour très matin, et ayant quelque chose de grande importance à faire, il appela son valet de chambre pour le venir habiller. Cet homme dormait si profondément, qu'il n'entendit pas sa voix. Le prélat inquiet se lève aussitôt, et s'empresse d'aller voir s'il ne lui serait pas arrivé quelque accident fâcheux; mais ayant trouvé qu'il dormait de bonne grâce, et ne voulant pas l'éveiller, de peur de nuire à sa santé, il s'habille et se met à prier, à étudier, à écrire.

Le valet de chambre s'étant levé quelques instants après, entra dans la chambre de son maître, et voyant qu'il travaillait, il lui demanda brusquement qui l'avait habillé. « Moi-même, lui dit le saint évêque : ne suis-je pas assez grand et assez fort pour cela?

— Ne pouviez-vous donc pas m'appeler, reprit l'autre en grondant?

— Je vous assure, mon enfant, lui répondit le Saint, que je l'ai fait, et que j'ai crié plusieurs fois. Je me suis même levé pour savoir quelle était la cause de votre silence; mais j'ai vu que vous dormiez de si bonne grâce, que je me serais fait une peine de vous éveiller.

— Vous ne devriez pas du moins vous moquer de moi, repartit le valet de chambre confus.

— Oh! mon ami, reprit le prélat, je ne l'ai pas dit par un esprit de moquerie, mais bien par un esprit de gaieté. Allez, je vous promets que je ne cesserai plus d'appeler que vous ne soyez éveillé, ou que je ne vous aille faire lever; et puisque vous le voulez ainsi, je ne m'habillerai plus sans vous. »

Une personne simple vint lui dire un jour tout franchement qu'elle avait conçu contre lui une aversion extrême, et qu'elle ne pouvait plus l'estimer. « Je vous en estime davantage, lui répondit le Saint; car il faut avoir un grand fonds de candeur pour me parler ainsi, et cette qualité-là est extrêmement précieuse à mes yeux. » Encouragée par cette réponse, cette personne lui dit alors que ce qui avait fait succéder dans son cœur l'aversion à l'estime qu'elle avait pour lui, c'est qu'on l'avait assurée qu'il s'était déclaré pour son adversaire, dans un procès important qu'elle avait. « On vous a dit vrai, répliqua le Saint : j'ai pris son parti, parce que j'ai cru que le droit était de son côté.

— Vous auriez dû, lui dit l'autre, vous comporter comme un père commun, et non pas défendre les intérêts d'une partie, au préjudice de l'autre.

— Et les pères communs, reprit le prélat, ne discernent-ils pas dans les contestations de leurs enfants, ceux qui ont tort ou raison? Vous devez avoir appris par le jugement qui a été rendu, que le droit était du côté de votre partie, puisqu'il lui a été conservé.

— On a commis contre moi une injustice criante, répliqua la partie intéressée.

— C'est la plainte ordinaire de ceux qui ont perdu leur cause, reprit le prélat : mais quand le temps aura remis votre esprit dans une assiette tranquille, vous bénirez Dieu et vos juges, de vous avoir ôté un bien que vous ne pouviez posséder en conscience; et vous n'aurez plus d'aversion ni contre eux, ni contre moi.

— Je le souhaite, dit-elle; mais pourtant cela n'empêche pas que mon estime pour vous n'ait beaucoup diminué; car il a été un temps où je vous regardais comme un Saint.

— Et vous aviez tort, répondit l'évêque. Maintenant que vous n'avez plus si bonne opinion de moi, je vous en aime davantage; car vous êtes de mon parti et de mon avis. Ceux qui me flattent par leurs louanges me trompent en se trompant eux-mêmes, et m'exposent au danger de la présomption; mais ceux qui me mésestiment font ce que je dois faire, et me mettent dans la voie du salut, puisqu'il est écrit que Dieu sauvera les humbles de cœur. En un mot, j'aime mieux les blessures de celui qui me dit la vérité, que les caresses de celui qui me flatte. »

LE CRUCIFIX.

Sainte Madeleine de Pazzi, digne fille de sainte Thérèse, se distingua surtout par l'ardent amour qu'elle avait de ses souffrances. Quelque rudes que fussent les épreuves auxquelles Dieu mit sa patience, elles ne purent jamais la lasser ; et plus elle souffrait, plus elle désirait de souffrir. Dans le temps qu'une maladie violente lui faisait endurer les plus vives douleurs, une des sœurs lui demanda d'où pouvaient lui venir cette patience et cette force, qui faisaient qu'elle ne parlait pas même de ses maux ? « Voyez, lui répondit la Sainte, en lui montrant un crucifix qui était aux pieds de son lit, voyez ce que l'amour infini de Dieu a fait pour mon salut. C'est là ce qui me soutient ; c'est là ce qui me console. Eh ! pourrait-on se plaindre de ce que l'on souffre, quand on a sous les yeux les souffrances d'un Dieu crucifié. »

LE FILS DÉNATURÉ ET LE BON PÈRE

Un père chrétien n'avait rien oublié pour donner une bonne éducation à son fils; mais le mauvais naturel et les passions criminelles de ce fils dénaturé avaient rendu tous ses soins inutiles. Il apprit un jour que cet enfant chéri, qui devait faire le bonheur de sa vie, avait formé l'horrible projet de lui donner la mort, pour jouir plutôt de son héritage, et vivre en liberté. Pénétré de douleur, et voulant faire un dernier effort pour attendrir le cœur de ce fils barbare, il le pria de l'accompagner et d'aller se promener avec lui.

Comme il y consentit, dans l'intention peut-être d'exécuter son abominable dessein, le père le mena insensiblement dans un endroit écarté, et assez avant dans une forêt. Alors l'arrêtant tout-à-coup : « Mon fils, lui dit-il, j'ai appris et je suis assuré que vous avez pris la résolution de m'assassiner. Malgré les sujets de plainte que j'ai contre vous, vous êtes mon fils, et je vous aime encore. J'ai voulu vous donner une dernière marque de ma tendresse ; je vous ai conduit dans cette forêt, où nous serons sans témoins, et où l'on ne pourra avoir aucune connaissance de votre crime. »

Alors tirant un poignard qu'il avait caché sous son habit : « Mon fils, lui dit-il, voilà un poignard : contentez votre passion ; exécutez votre coupable projet ; mettez-moi à mort, puisque vous l'avez résolu. Du moins en mourant ici, je vous sauverai des mains de la justice humaine. Ce sera la dernière preuve de ma tendresse pour vous ; et, dans mon extrême douleur, j'aurai du moins la consolation de vous conserver la vie tandis que vous me l'ôterez. »

Le fils touché, étonné, ne pouvait contenir ses soupirs. Fondant en larmes, il se jette aux genoux de son père, lui demande mille fois pardon de son crime, lui proteste devant Dieu qu'il changera de conduite envers le meilleur et le plus tendre des pères. Il tint parole : et dès ce moment, il donna à ce bon père autant de consolation et de joie qu'il lui avait causé d'amertumes et de chagrins.

LE MAUVAIS FILS PUNI.

Le père le plus criminel et le plus malheureux peut-être qu'il y eût sur la terre, avait un fils aussi méchant que lui. Plongés l'un et l'autre dans tous les crimes, ils se précipitaient dans tous les malheurs qui en sont la suite ordinaire.

Le fils désobéissant, indocile, était colère, violent et emporté, jusqu'à devenir furieux, lorsqu'il éprouvait la moindre contradiction. Un jour que son père, déjà avancé en âge, voulut le reprendre, et lui reprocher sa mauvaise conduite, ce fils malheureux, dans un accès de fureur, se jette sur l'auteur de ses jours, le renverse par terre, et le prenant par les cheveux, le traîne le long des degrés, pour le mettre hors de la maison. Quand il fut arrivé à un certain point, le père élevant la voix : « Arrête, malheureux, dit-il, arrête, je n'ai pas traîné mon père plus loin quand j'étais à ton âge. » Ce père coupable reconnut à ce moment la justice et la vengeance de Dieu, qui permettait que son fils lui fît le même traitement que lui-même avait fait autrefois à son père. Quelle leçon pour les jeunes gens! quel motif pour les engager à se comporter à présent envers leurs parents, comme ils désirent que leurs enfants se conduisent un jour envers eux-mêmes.

CONVERSION, VIE ÉDIFIANTE ET FIN TRAGIQUE D'UNE REINE DU JAPON.

Le roi de Tango, craignant que la rare beauté de la reine son épouse, encore très jeune, n'attirât les regards de l'empereur du Japon, la tenait continuellement renfermée dans un palais, où elle vivait dans une grande innocence. Quoiqu'il fût idolâtre, il lui avait souvent parlé avec estime de la Religion chrétienne qui avait fait de grands progrès dans le Japon, et qui excitait au moins l'admiration de ceux qui ne l'embrassaient pas. Cette princesse, qui avait l'esprit excellent, retint tout ce qu'on lui avait dit; et ses mœurs ne mettant point d'obstacle aux impressions de la grâce, elle se sentit fort inclinée pour une religion si conforme à ses goûts et à ses penchants. Comme elle n'espérait point obtenir le consentement du roi son époux, il lui fallut conduire l'affaire de sa conversion dans le plus profond secret, et dérober ses démarches à une infinité de surveillants, continuellement attentifs à l'observer.

Heureusement on élevait auprès d'elle une princesse de la maison royale, avec qui la conformité des inclinations vertueuses la liait encore plus étroitement que l'affinité, et pour qui elle n'avait rien de secret. Elle ouvrit son âme à cette amie sûre, qui avait toute liberté d'aller et de venir, et l'envoya communiquer ses vœux et ses embarras à un missionnaire. La médiatrice, qui n'avait pas moins d'ardeur que la reine pour embrasser le Christianisme, ne se borna pas à sa commission; mais elle se fit baptiser elle-même, et reçut le nom de Marie. La grâce du baptême la transforma aussitôt en apôtre. Toutes les dames et les demoiselles du palais, à qui elle fit part de son bonheur, allèrent successivement trouver le missionnaire, et revinrent Chrétiennes. Un gentilhomme, qui les suivit, revint changé comme elles. Cependant la reine gémissait avec d'autant plus d'amertume, qu'elle se voyait esclave de l'enfer, au milieu d'une cour à qui elle avait procuré la sainte liberté des enfants de Dieu. La princesse Marie va de nouveau trouver le missionnaire, elle se fait parfaitement instruire de la manière de conférer le baptême, revient, baptise la reine, et lui fait prendre le nom de Grâce, qui ne fut jamais porté à plus juste titre.

Tout ceci se passait en l'absence du roi. A son retour, il en parut extrêmement irrité, et déclara impérieusement à la reine, ainsi qu'à toute sa cour, qu'il fallait au plus tôt abjurer une religion odieuse à l'empereur, et capable de le perdre lui-même. Les menaces et les représentations étant inutiles, il n'y eut point de mauvais traitements qu'il ne mît en usage. La reine fut encore moins épargnée que les autres : le ressentiment du roi se mesura sur l'amour passionné qu'il lui portait. A tous les excès du dépit et de la fureur, elle n'opposa qu'une patience et une douceur inaltérables ; mais sa constance parut à jamais invincible. Un des enfants du roi étant tombé dangereusement malade, elle engagea la princesse Marie à le baptiser, et il n'eut pas plus tôt reçu le baptême, qu'il fut parfaitement guéri. Les armes tombèrent alors des mains du roi : il prit le parti de dissimuler, et ne chagrina plus des personnes qu'il ne pouvait se défendre d'aimer et de révérer.

La reine se voyant un peu plus libre, ne fit usage de sa liberté que pour se livrer à toutes les bonnes œuvres que sa situation pouvait lui permettre, et pour donner l'exemple de toutes les vertus chrétiennes. Loin d'idolâtrer sa figure, il semblait qu'elle eût pris à tâche d'en ternir l'éclat par toutes les austérités de la pénitence. Elle apprit très bien le latin et le portugais, moins pour former son esprit que pour l'éclairer toujours plus par les lumières qu'elle puisait dans les livres de piété. Mais son plus grand soin était de recueillir les orphelins et les enfants des pauvres, de les soigner elle-même, de les instruire des éléments de notre Religion, et de les rendre solidement Chrétiens.

Il y avait douze ans qu'elle menait une vie si sainte, lorsqu'il arriva dans le Japon une révolution qui la rendit la triste victime de la jalousie du roi son époux. Quoique ce prince n'eût jamais conçu le moindre soupçon de sa fidélité, il avait peur qu'elle ne devînt l'objet d'un autre amour que le sien. C'est pourquoi il l'avait laissée dans la ville d'Osacka, qui était bien fortifiée, et qui semblait devoir résister aux attaques des ennemis. Cependant, comme il n'était pas entièrement rassuré, il avait commandé à l'intendant de sa maison que si la place venait à être forcée, il tranchât la tête de la reine et mit le feu au palais. Osacka fut prise en effet, et l'intendant sommé de remettre la reine entre les mains du vainqueur. Cet officier, rempli de vénération pour sa maîtresse, chercha tous les moyens possibles de la sauver, sans en trouver aucun. Il va donc la joindre, le désespoir peint sur le front, se jette à ses pieds qu'il inonde de ses larmes, et lui déclare le commandement barbare qu'il avait reçu. « Nous périrons aussitôt nous-mêmes, ajouta-t-il ; et c'est toute ma consolation de ne pas survivre à une princesse dont la mort ferait de ma propre vie le plus insupportable de tous les tourments. » La reine entendit ce discours, comme s'il ne l'eût pas regardée. « Vous savez, dit-elle, que je suis Chrétienne, et que la mort n'a rien d'effrayant pour les Chrétiens. Quant à vous, songez bien à ce que vous allez devenir pour toute une éternité » Après ce peu de mots, elle entra dans son oratoire, et prosternée devant l'image d'un Dieu mort pour nous, elle lui fit le sacrifice de sa vie. Elle rassembla aussitôt après les dames de sa suite, qui toutes étaient Chrétiennes, les embrassa tendrement, et leur représenta que n'étant pas condamnées elles-mêmes à mourir, la loi de Dieu les obligeait à se retirer avant qu'on mît le feu au palais. Tout retentit alors de sanglots et de cris lamentables ; elle seule, aussi tranquille que s'il eût été question d'une affaire indifférente, rentra dans l'oratoire, appela l'intendant, et lui dit qu'il pouvait remplir sa commission. Il se jeta de nouveau à ses pieds, et la pria de lui pardonner sa mort. Aussitôt la reine se mit à genoux, rabattit elle-même le collet de sa robe, et reçut, en prononçant les noms de Jésus et de Marie, le coup qui lui trancha la tête, et montra, par sa fermeté, que la force chrétienne avait rendu son âme en quelque sorte indépendante des entraves de la matière, de la fragilité du sexe et de toutes les faiblesses de la nature.

ARDEUR DES CHRÉTIENS DU JAPON POUR LE MARTYRE.

Tandis que la religion chrétienne faisait chaque jour de nouveaux progrès dans le Japon, où saint François Xavier l'avait établie par ses prédications et par ses miracles, il s'y éleva tout-à-coup contre elle un orage qui montra combien la foi était profondément enracinée dans l'esprit et dans le cœur des Japonais. Taïcosama, leur empereur, ayant ordonné qu'on dressât des listes de tous les Chrétiens qui fréquentaient les églises d'Osacka et de Méaco, le bruit se répandit aussitôt dans les provinces qu'on allait faire mourir tous ceux qui refuseraient d'adorer les dieux de l'empire. Cette nouvelle, qui ne semblait devoir exciter que la terreur, alluma une telle ardeur pour le martyre, que les idolâtres en furent dans l'admiration. Ucondono, généralissime des armées, et l'un des plus fervents chrétiens du Japon, vint incontinent se ranger parmi les missionnaires, dans la pensée qu'on ne manquerait pas de les saisir, et qu'il partagerait leurs chaînes et leurs supplices. Il fut imité par deux fils du grand-maître de la maison de l'empereur, dont l'aîné, déjà revêtu en survivance des charges de son père, accourut de deux cents lieues à Méaco, et s'habilla comme les missionnaires, afin d'être plus tôt arrêté. Tous ses gens qu'il voulut congédier, protestèrent qu'ils mourraient avec lui. Son cadet, qui se trouvait dans le sein de sa famille, eut à combattre toute la tendresse de ses proches et les menaces même de son père qui était païen; mais il montra un courage qu'ils désespérèrent bientôt d'ébranler. Un prince, parent de l'Empereur et possesseur de trois royaumes, alla se renfermer chez les Jésuites, afin de mourir avec eux. Un autre prince, à peine baptisé, fit publier dans ses terres qu'il punirait sévèrement tous ceux qui, interrogés si leur prince était chrétien, dissimuleraient la vérité. Un seigneur des plus renommés pour sa bravoure, craignant qu'on n'osât pas venir le prendre chez lui, alla se présenter, avec sa femme, à l'un des ministres de la persécution, sans autre suite qu'un fils de dix ans, qu'il conduisait par la main, et une fille, trop jeune encore pour marcher, que portait la mère. Les gens même des conditions les plus communes, paraissaient avec intrépidité devant les officiers de la justice. En un mot, tous ne se montraient attentifs qu'à ne point laisser échapper l'occasion de signer de leur sang la confession de la foi.

Les femmes de qualité travaillaient en hâte, avec leurs suivantes, à se faire des habits magnifiques, afin d'honorer le jour de leur mort, qu'elles n'appelaient autrement que le jour de leur triomphe. Elles se rassemblaient dans les maisons où elles espéraient être plus facilement reconnues. Parmi celles de Méaco, il y en eut une qui pria les autres de la traîner au supplice, si elles la voyaient reculer ou trembler. On vit une jeune dame, avec un admirable sang-froid, préparer son sacrifice jusque dans les moindres détails, et ajuster sa robe de manière à paraître dans toutes les règles d'une rigoureuse décence sur la croix, où le bruit courait qu'on allait faire mourir tous les chrétiens.

Les domestiques, occupés aussi de leur propre sort, s'empressaient à préparer, l'un son reliquaire, l'autre son chapelet ou son crucifix, et le tout d'un air si calme et si paisible, que quelques militaires, encore prévenus des préjugés de leur pays, où c'est une infamie que de souffrir la violence, jetèrent à ce spectacle leurs poignards et leurs cimeterres, pour prendre avec les femmes quelque instrument de piété, et se laisser égorger comme elles.

L'ardeur de ces nouveaux chrétiens à mourir pour la foi est bien propre à faire rougir ceux qui, nés dans le sein du christianisme, l'ont lâchement abandonné pour ne pas mourir.

TABLE.

L'Homme véritablement libre et le vrai esclave. 5
Sage conduite d'un prince envers ses courtisans. 8
L'Impiété confondue par la puissance divine. 9
Grandeur d'âme de l'homme qui ne craint que Dieu. 13
Saintes inquiétudes de l'homme charitable. 16
Le Caractère sacerdotal. 17
Les Soldats fidèles à leur religion. 19
Admirable fermeté d'un seigneur de Perse. 21
Le Pasteur intrépide. 23
Ingénieuse réfutation de l'erreur. 24
Leçon salutaire pour la jeunesse. 27
Conduite différente des chrétiens et des païens d'Alexandrie, durant la peste. 28
Les Flatteurs confondus. 30
Saint Louis. 31
L'Enfant saintement jaloux du sort de ses frères. 35

Mort de Bayard.	36
Les Suites funestes du crime.	39
L'Apostolat.	43
Trait de grandeur d'âme.	45
Le Père et le Sauveur des pauvres malades.	46
Saint Charles Borromée.	48
Quelques Traits de saint François de Sales.	52
Le Crucifix.	59
Le Fils dénaturé et le bon Père.	60
Le Mauvais fils puni.	61
Conversion, Vie édifiante et fin tragique d'une Reine du Japon.	62
Ardeur des Chrétiens du Japon pour le martyre.	67

FIN DE LA TABLE.

Limoges. — Impr. Eugène ARDANT et Cⁱᵉ.

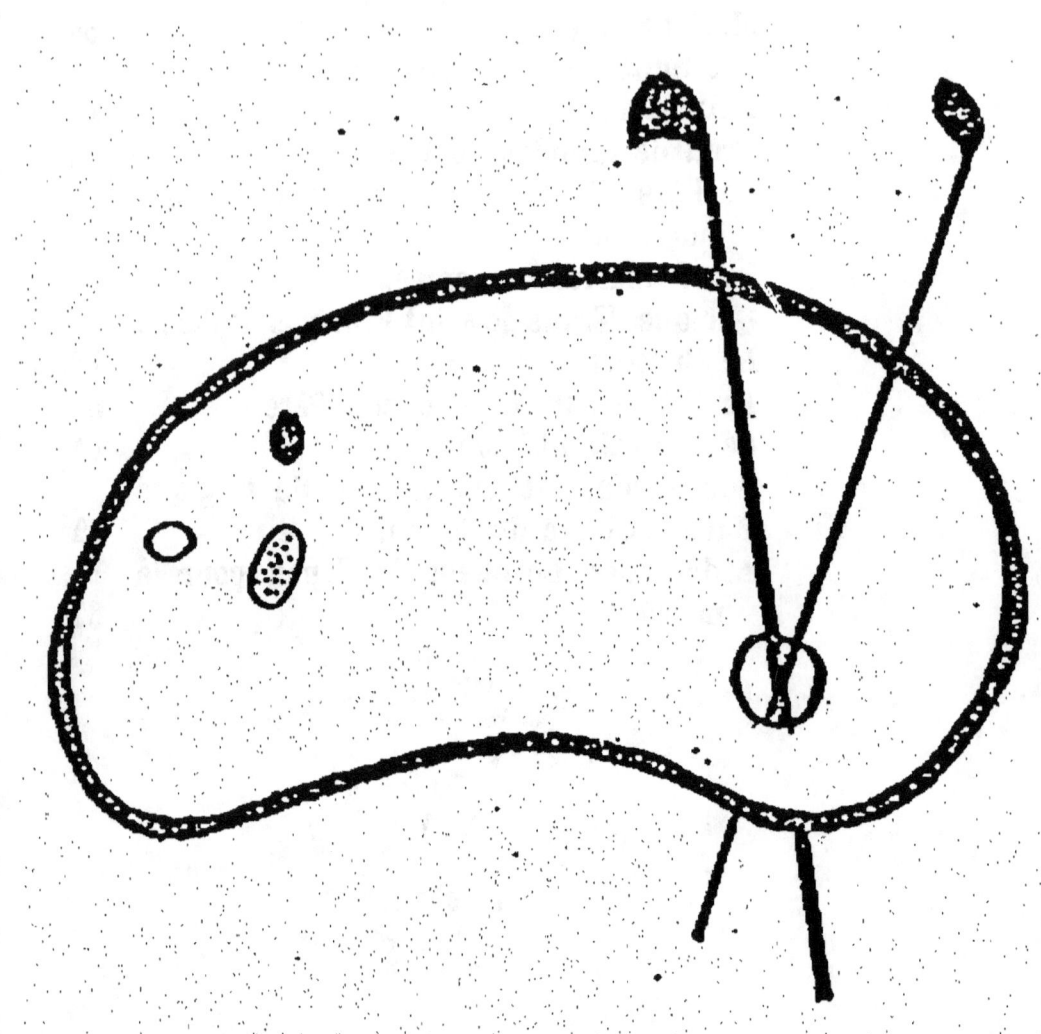

ORIGINAL EN COULEUR
NF Z 43-120-8

www.ingramcontent.com/pod-product-compliance
Lightning Source LLC
LaVergne TN
LVHW021008090426
835512LV00009B/2146